BRASILEIRINHOS DO PANTANAL

POESIA PARA OS BICHOS DE UM PARAÍSO

BRASILEIRINHOS DO PANTANAL
POESIA PARA OS BICHOS DE UM PARAÍSO

LALAU E LAURABEATRIZ

Companhia das Letrinhas

Agradecimentos para Angela Leite,
Luis Fábio Silveira, Hélio de Almeida
e Vitor Becker.

Copyright do texto © 2021 by Lalau
Copyright das ilustrações © 2021 by Laurabeatriz

Grafia atualizada segundo o Acordo Ortográfico da Língua Portuguesa de 1990, que entrou em vigor no Brasil em 2009.

Revisão:
ARLETE SOUSA
LUCIANA BARALDI
VIVIANE T. MENDES

Tratamento de imagem:
THEREZA ALMEIDA
M GALLEGO • STUDIO DE ARTES GRÁFICAS

Composição:
YUMI SANESHIGUE

Dados Internacionais de Catalogação na Publicação (CIP)
(Câmara Brasileira do Livro, SP, Brasil)

    Lalau
       Brasileirinhos do Pantanal / Lalau ; ilustração Laurabeatriz. — 1ª ed. — São Paulo: Companhia das Letrinhas, 2021. (Coleção Brasileirinhos)

       ISBN: 978-85-7406-948-7

       1. Literatura infantojuvenil 2. Poesia — Literatura infantojuvenil I. Laurabeatriz. II. Título. III. Série.

21-59344   CDD-028.5

Índices para catálogo sistemático:
1. Poesia : Literatura infantil 028.5
2. Poesia : Literatura infantojuvenil 028.5

Aline Graziele Benitez — Bibliotecária — CRB-1/3129

1ª reimpressão

Todos os direitos desta edição reservados à
EDITORA SCHWARCZ S.A.
Rua Bandeira Paulista, 702, cj. 32
04532-002 — São Paulo — SP — Brasil
☏ (11) 3707-3500
www.companhiadasletrinhas.com.br
www.blogdaletrinhas.com.br
@companhiadasletrinhas
companhiadasletrinhas
/CanalLetrinhaZ

*Para os bombeiros,
brigadistas, voluntários e outros
guardiões do Pantanal*

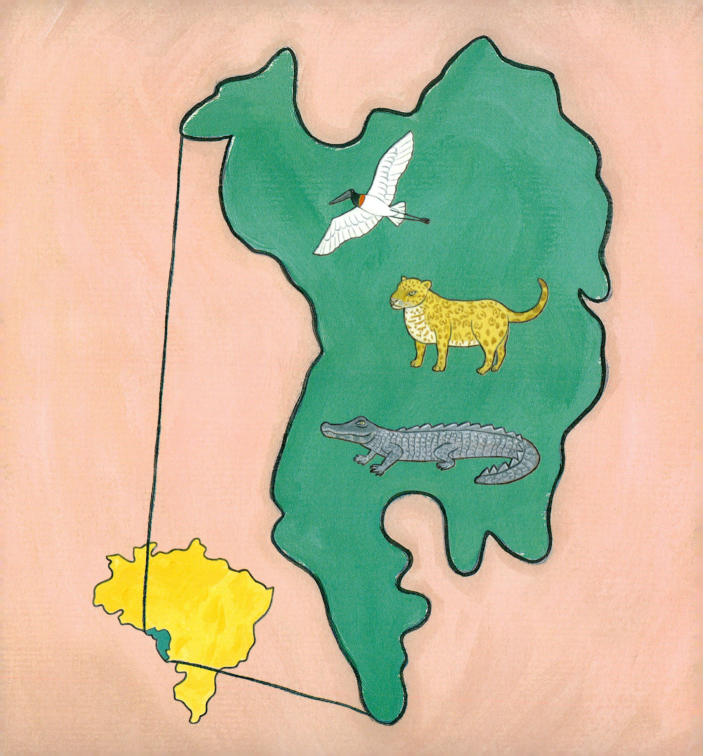

Único país do mundo com nome de árvore, o Brasil reúne o maior número de espécies conhecidas e catalogadas pela ciência. Esse tesouro da biodiversidade, no entanto, não é conhecido da maioria absoluta dos brasileiros. Especialmente dos mais jovens. Apresentar a maior planície alagada do mundo com arte, poesia e um breve glossário das espécies pantaneiras é a magia desse livro. Essa combinação diverte ao mesmo tempo que informa o leitor com graça e beleza.

Brasileirinhos do Pantanal reconhece que esses adoráveis animais têm os mesmos direitos que nós de habitar esse lugar no mundo. Eles são protegidos por lei, e alguns deles só existem nesta parte do planeta. São os mesmos bichos que sofreram em 2020 os efeitos da maior destruição da história do Pantanal. Aproximadamente 30% do bioma foi devastado por incêndios, parte deles criminosa, que elevaram o risco de extinção de alguns animais. Apesar da tristeza causada pelo fogo, uma onda de solidariedade sem precedentes mobilizou voluntários do Brasil e de outros países, socorrendo de forma heroica vários bichos.

A proteção do Pantanal depende principalmente do conhecimento de sua riqueza e da percepção de que nós precisamos proteger todos os brasileirinhos que vivem por lá.

Quem ama, cuida. E esse livro ensina a amar.

André Trigueiro

PICAPARRA

Escuta lá de longe
rangido de cangalha:
mergulha!

Passa zunindo
um enxame de abelha:
mergulha!

Vento balança moita,
ela pensa que é armadilha:
mergulha!

Se tem bicho chegando,
ela nem olha:
mergulha!

Antes do fogaréu,
na primeira fagulha:
mergulha!

HELIORNIS FULICA
Picaparra é uma ave comum em toda a planície pantaneira, presente em rios, lagos, brejos e capinzais alagados. Quando percebe alguma ameaça por perto, mergulha com enorme rapidez. Come insetos aquáticos, larvas, besouros, formigas, aranhas, crustáceos, anfíbios, pequenos peixes e sementes. A reprodução vai de dezembro a março, a fêmea bota de dois a quatro ovos e os filhotes nascem após onze dias, um dos menores períodos de incubação entre as aves.

BUGIO-PRETO

Sabe o que faz
o grito do bugio?

Muda nuvens de lugar,
agita as águas de um rio.

Levanta árvore do chão,
fura casco de navio.

Sombras fogem de medo,
fogo tem calafrio.

Bicho pequeno se assusta,
bicho grande sente arrepio.

ALOUATTA CARAYA
Bugio-preto é o maior macaco das florestas tropicais da América Latina, onde vive em grupos nas árvores mais altas. Apenas os machos são pretos; as fêmeas e os filhotes têm pelagem castanho-amarelada. Muito barulhento, emite uivos potentes para marcar território, que podem ser ouvidos por mais de 3 km de distância. Alimenta-se basicamente de folhas frescas. Em alguns lugares, é chamado de macaco-uivador-preto.

PIAU-TRÊS-PINTAS

Que pintas são essas, piau?
Bicadas de pica-pau?
Amêndoas de cacau?

Bolinhas de gude,
impressões digitais,
manchas de carvão?

Ou uma forma mágica
e misteriosa de expressão?

Três circunferências:
reticências...

LEPORINUS FRIDERICI
O piau-três-pintas habita margens de rios, lagos e florestas inundadas. Alimenta-se de insetos, frutos e pequenas sementes. É um peixe de escamas, muito importante para a pesca de subsistência e comércio. Tem coloração prata, com três manchas escuras em cada lado do corpo. Alcança até 40 cm de comprimento e pode pesar 2 kg. Faz longas migrações rio acima para se reproduzir: as fêmeas desovam de 100.000 a 200.000 ovos — esse período é chamado de piracema.

JAGUARUNDI

Eu vi
o jaguarundi
subir no jatobá
em Corumbá.

Eu vi
o jaguarundi
caçar ratazana
em Aquidauana.

Eu vi
o jaguarundi
fugir de busca-pé
em Poconé.

Eu vi
o jaguarundi
se sentir infinito
em Bonito.

PUMA YAGOUAROUNDI
Jaguarundi é um felino ágil, arisco e tímido. Vive próximo de banhados, beira de rios ou lagos. É um excelente nadador! Gosta de andar pelas moitas e matas mais abertas, onde caça aves, roedores e pequenos répteis, pela manhã e no fim da tarde. Marca seu território com urina, fezes e arranhões no tronco das árvores e em outros lugares. É também conhecido como gato-mourisco, eirá, gato-preto, raposa-de-gato, onça-de-bode e maracajá-preto.

GRALHA-PICAÇA

— Quem roubou os ovos
do galinheiro?
— Acho que foi aquele azul,
o azul ligeiro.

— Quem tirou quirera
do comedouro?
— Foi o mesmo azul,
do olhar cor de ouro.

— Mas esse azul o que é?
Só vem aqui fazer arruaça!
— É o azul mais lindo do mundo,
azul da gralha-picaça.

CYANOCORAX CHRYSOPS
É uma ave linda, da família dos corvos. Encontrada tanto em matas como em áreas abertas com árvores. No corpo, destaca-se a coloração azul ultramarino. Tem a incrível capacidade de imitar vozes de outras aves (gavião-carijó e arapapá, por exemplo) e até de alguns mamíferos, como o macaco-prego. Gosta de insetos, frutos, pinhões, sementes e, às vezes, ovos de outras aves. É bastante perseguida por roubar ovos de galinheiros!

LAGARTO-JACARÉ

Lagarto-jacaré
sofisticou.

Aprendeu a tocar bongô.
Consulta a sorte
no tarô.
Faz coleção de bibelô.

Não compra mais nada
de camelô.
Entrou para a academia
de judô.

Foi para Paris,
andou de metrô.

E, no jantar,
trocou caramujo do pântano
por escargot.

DRACAENA GUIANENSIS

Lagarto-jacaré pode medir até 1,20 m de comprimento. Tem o corpo todo coberto por escamas. Com seus dentes e suas mandíbulas fortes, é carnívoro e predador, mas sua principal fonte de alimento é o caramujo, que encontra nos locais mais rasos de lagos, pântanos, rios, represas e riachos. Em terra firme, procura refúgio em buracos e cupinzeiros. Dentro d'água, parece mesmo um jacaré nadando.

IRARA

Irara procura
por toda doçura
do Pantanal.

Mamão, manga, araticum,
acuri, pitanga, tucum.

Corre pela mata,
rio, riacho, planície, morro,
para cima, para baixo,
e, se preciso for,
vai até os cafundós do céu.

Irara só sossega
quando encontra
um favo de mel.

EIRA BARBARA
A alimentação da irara é bem variada: frutas, insetos, pequenos animais (cutias, coelhos, preás e ratos silvestres) e mel. Gosta tanto de mel que também é conhecida como papa-mel. Pertence à família das ariranhas e lontras, por isso tem um corpo esguio e alongado. A diferença entre elas é que a irara não sabe nadar. Em compensação, sobe nas árvores e pula de galho em galho com muita facilidade e rapidez.

JAÚ

Grandalhão,
jaú já é.

Pesadão,
jaú já é.

Comilão,
jaú já é.

Mais forte
que tubarão,
já, já,
jaú será.

ZUNGARO ZUNGARO

Jaú é um dos maiores peixes de couro do Brasil: pode alcançar até 1,5 m de comprimento e pesar 120 kg! Pertence à família dos bagres e habita as bacias do rio Paraná. Carnívoro e voraz, ele fica escondido nos canais de rios e poços fundos, como o final de corredeiras, e se alimenta dos peixes que passam para desovar. Muito procurado pela pesca esportiva, é também conhecido como jundiá-da-lagoa.

LOBINHO

Lobinho mora
numa floresta encantada,
onde tem saci, curupira,
Mãe d'água, bichos,
peixes e passarinhos.

Mas lá não tem
Chapeuzinho Vermelho
nem os Três Porquinhos.

Lobinho mora na floresta
do Pantanal.

É lobinho bom,
não é lobinho mau.

CERDOCYON THOUS
Lobinho, também conhecido como cachorro-do-mato,
é onívoro, ou seja, come praticamente de tudo.
Na sua dieta, entram frutas, vertebrados, insetos,
anfíbios, caranguejos, crustáceos, aves, pequenos
animais e até carniça. Por isso, se adapta com
facilidade a diversos ambientes. É mais ativo à noite.
Chega a medir entre 57 e 77 cm de comprimento e
a pesar de 4,5 a 8,5 kg. Muitas vezes, procura abrigo
nos buracos de tatu para descansar durante o dia.

JAPACANIM

Desejo um brejo,
um lugarejo
cheio de insetos,
todos para mim.

De dia, gorjeio.
De noite, bocejo.
Durmo com as estrelas,
todas para mim.

A vida é linda
e sempre festejo.
Eu vejo assim.

Me dá um beijo,
só para mim?

DONACOBIUS ATRICAPILLA
Japacanim é uma ave linda, de canto forte e variado, também conhecida como sabiá-do-brejo, batuquira ou assobia-cachorro. Vive em taboais, brejos, lagos, córregos e juncos (gramíneas que crescem, geralmente, nos alagadiços), onde encontra insetos e algumas sementes para se alimentar. Constrói seu ninho na forma de um cesto profundo enfaixado com teias de aranha, fixado em plantas a pouca altura do solo.

MUÇURANA

Panda adora
broto de bambu.
Muçurana, urutu.

Macaco-prego
gosta muito de jaca.
Muçurana, de jararaca.

Urso-pardo
é louco por mel.
Muçurana, por cascavel.

Cada bicho faz
a refeição que acha
mais gostosa.

Muçurana prefere
cobra venenosa.

CLELIA CLELIA
Muçurana é uma cobra que se alimenta de cobras venenosas! Jararacas, urutus e cascavéis são suas preferidas. Só não é imune ao veneno da coral-verdadeira. Vive em matas, vegetação rasteira e fechada, perto de rios e lagoas. Pode atingir até 2,40 m de comprimento. Sua coloração, quando adulta, é negro-chumbo ou azulada. Também chamada de cobra-do-bem, limpa-campo ou cobra-preta. É totalmente inofensiva para o ser humano.

CAPIVARA

Capivara mergulhou!
Deu de cara
com a piapara.

Capivara nadou!
Deu de cara
com a pirarara.

Capivara sonhou
que tinha asas e voava!
Deu de cara
com a arara.

HYDROCHOERUS HYDROCHAERIS
Capivara é o maior mamífero roedor que existe: chega a medir 1,20 m de comprimento, 60 cm de altura e pesa mais de 90 kg. Adora lagos, rios e pântanos. Seu nome é uma palavra de origem tupi (kapi'wara), que significa "comedor de capim". É um animal muito calmo e manso, que vive em grupos que variam entre oito e quarenta indivíduos. Os filhotes já nascem com os pelos e a dentição permanentes.

JABIRU MYCTERIA

Tuiuiú mede aproximadamente 3 m de uma ponta da asa à outra. Habita as margens de lagoas, pântanos e rios. Seus principais alimentos são insetos, peixes, anfíbios, moluscos, crustáceos, pequenos répteis e mamíferos. Uma das características de seu voo é o pescoço totalmente esticado. Faz o ninho sobre árvores bem altas e gosta de abrir as asas ao sol para secar. É a ave-símbolo do Pantanal e a maior da planície pantaneira. Também é conhecido como jaburu.

TUIUIÚ

O Pantanal
encharca, seca,
queima, teima,
nasce, morre,
renasce sempre
que amanhece.

O Pantanal se esconde
na carapaça do tatu,
rasteja na lida do teiú,
chora no pio do inhambu.

O Pantanal voa.

Mas só voa
se for nas asas
do tuiuiú.

OUTROS BICHOS DO PANTANAL

BORBOLETA 80
DIAETHRIA CANDRENA

AZULINHA
MACULINEA ALCON

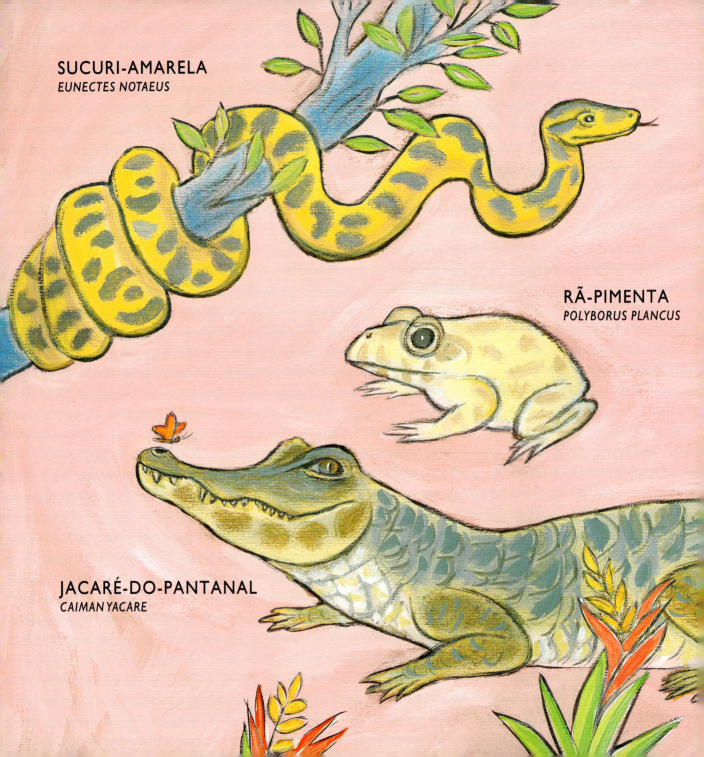

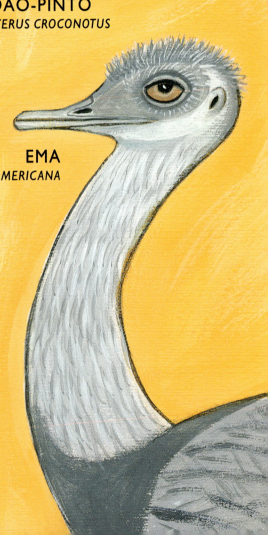

ONDE ENCONTRAR OS BRASILEIRINHOS

PARQUES NO PANTANAL

Parque Nacional do Pantanal Mato-grossense (Poconé)
Parque Nacional da Chapada dos Guimarães (bacia do rio Paraguai)
Parque Nacional da Ilha Grande (rio Paraná)
Parque Nacional da Bodoquena (Porto Murtinho, Bonito, Jardim, Miranda e Bodoquena)
Estação Ecológica de Taiamã (Cáceres)
Parque Estadual Nascentes do Rio Taquari (entre Alcinópolis e Costa Rica)
Parque Estadual do Xingu (Santa Cruz do Xingu)
Parque Estadual do Pantanal do Rio Negro (Aquidauana e Corumbá)
Parque Estadual Encontro das Águas (Porto Jofre)
Parque Estadual das Várzeas do Rio Ivinhema (Taquarussu, Jateí e Naviraí)
Parque Estadual do Guirá (Cáceres)
Parque Estadual da Serra de Santa Bárbara (Porto Espiridião, Pontes e Lacerda)

ORGANIZAÇÕES

SOS PANTANAL — www.sospantanal.org.br
GREENPEACE BRASIL — www.greenpeace.org/brasil
INSTITUTO CHICO MENDES PARA A CONSERVAÇÃO DA BIODIVERSIDADE — www.icmbio.gov.br
INSTITUTO ONÇA-PINTADA — www.jaguar.org.br
INSTITUTO TAMANDUÁ — http://www.tamandua.org
INSTITUTO SOCIOAMBIENTAL — www.socioambiental.org
IPÊ INSTITUTO DE PESQUISAS ECOLÓGICAS — www.ipe.org.br
REDE NACIONAL PRÓ-UNIDADES DE CONSERVAÇÃO — redeprouc.org.br
SAVE BRASIL — www.savebrasil.org.br
SOS FAUNA — www.sosfauna.org
WWF BRASIL — www.wwf.org.br

COLHEREIRO
PLATALEA

SOBRE OS AUTORES

Desde o começo da parceria, em 1994, a natureza ganhou lugar de destaque entre os livros de Lalau e Laurabeatriz. Fauna, flora e meio ambiente são retratados em dezenas de títulos publicados para crianças. Sempre de forma lúdica e leve, viajam com o pequeno leitor ao encontro da rica, linda e nem sempre respeitada biodiversidade brasileira. Agora, chegou a vez do Pantanal.

Lalau é paulista e poeta. Laurabeatriz é carioca e artista plástica.

 A marca FSC® é a garantia de que a madeira utilizada na fabricação do papel deste livro provém de florestas que foram gerenciadas de maneira ambientalmente correta, socialmente justa e economicamente viável, além de outras fontes de origem controlada.

Esta obra foi composta em Corinthian e impressa pela Gráfica Bartira em ofsete sobre papel Couché Design Gloss da Suzano S.A. para a Editora Schwarcz em maio de 2023